빈센트 반 고흐

루시 브라운리지 글 • 에디트 카롱 그림 • 최혜진 옮김

빈센트 반 고흐는 네덜란드에서 태어났어요.
빈센트의 동생 테오는 사람들의 마음을 끄는 활달한 성격이었지요.
빈센트는 그런 테오의 그늘에 가린 채 자라났어요.

테오는 자신만만했고, 빈센트는 조용하고 사려 깊었어요.
테오는 그림을 파는 미술상이 되려고 프랑스 파리로 떠났어요.
빈센트는 오직 그림을 그릴 때만 자신감이 차올랐지요.
하지만 테오를 따라 고향 근처 화랑에서 일을 시작했답니다.

빈센트는 화랑에 있는 아름다운 그림들을 사랑했어요. 하지만 어떤 이유에서인지 행복하지는 않았어요. 뭔가 빠진 것 같았지요. 그게 무엇인지 알 수는 없었지만요.

사람들은 말했어요. 신을 섬기면 행복해질 거라고요.
그래서 빈센트는 벨기에로 가서 사람들에게
신을 사랑하는 방법을 가르치는 성직자가 되었어요.

성직자로 지내는 건 보람 있었지만,
빈센트는 예술 작품에 둘러싸여 지내던 나날이
그리웠어요. 고향으로 돌아가 삶에서 빠진 게 무엇인지
다시 찬찬히 생각해 봐야 할 것 같았지요.

네덜란드로 돌아온 빈센트는 스케치에 색을 입히는 연습을 했어요.

하지만 새롭게 느껴지는 작품은 좀처럼 나오지 않고, 진흙투성이 같은 갈색 그림만 거듭 그리는 게 문제였지요.

이 어두운 그림은 팔리지 않았고, 돈은 곧 바닥나고 말았어요.

이러지도 저러지도 못할 상황이었지만, 무엇을 해야 할지 물어볼 사람이 곧장 떠올랐어요. 바로 테오였지요! 빈센트는 동생에게 편지를 썼답니다.

테오는 형에게 곧장 파리로 오라고 말했어요. 둘이 함께 우울한 기분을 떨쳐 내 보자면서 말이에요. 테오는 파리에서 지내며 성공한 화가들을 많이 사귀었어요. 그 화가들이 빈센트에게 조언을 해 줄 수 있을 거라 생각했지요.

파리로 간 뒤, 빈센트의 삶은 송두리째 바뀌었어요. '인상주의 화가'라고 불리는 예술가들의 그림을 보았거든요.

인상주의 화가들은 순간순간 변하는 사물의 느낌을 붙잡아 그림에 담았어요.
밝은색을 주로 썼고 붓을 춤추듯 놀렸지요. 빈센트는 한눈에 반해 버렸어요.
그리고 이내 밝은색과 활기찬 붓질로 그림을 그리기 시작했어요.

이 새로운 그리기 방법에 '색채 훈련'이라는 이름도 붙였답니다.

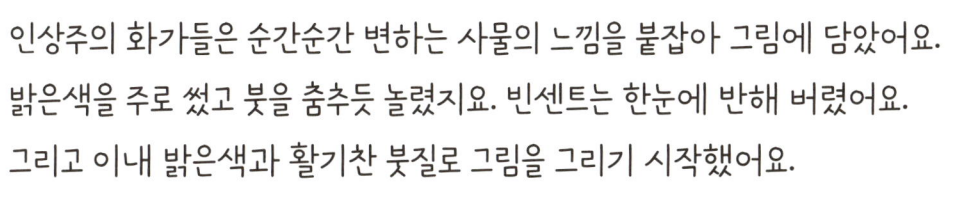

빈센트가 부끄럼 많은 청년에서 노래하는 새로 변신하는 순간이었어요.

빈센트는 파리에서 미술상이나 동료 예술가, 그 밖에 새로 사귄 친구들과 어울리며 그림을 그렸어요. 그중에는 폴 고갱이라는 화가도 있었어요. 폴도 빈센트처럼 화가가 되려고 직업을 바꾼 사람이었지요.

대도시에서 여러 사람과 부대끼며 빈센트는 조금씩 지쳐 갔어요. 더 많은 빛과 색을 찾아 떠나고 싶었지요. 마침내 빈센트는 밝은색 유화 물감과 캔버스를 챙겨 남프랑스 아를로 떠났답니다.

폴도 머지않아 빈센트를 따라 아를로 이사를 했어요.

두 친구는 아를에 있는 노란 집에서 함께 지냈어요.
처음에 둘은 무척 행복했어요.

빈센트는 노란 집과 침실,
그리고 눈에 보이는 모든 걸
그림으로 남겼어요.

하지만 어느 날부터 빈센트가 종잡을 수 없는 행동을 하기 시작했어요.
그림도 점점 광기에 휩싸여 갔지요.
빈센트는 미친 듯이 그림을 그렸어요. 고작 몇 년 사이에
2천 점에 가까운 그림을 완성할 정도로 말이에요.

빈센트는 때때로 긴 산책에 나섰어요. 그럴 때마다 따스한 황금빛 들판이나
팔랑거리는 나뭇잎의 아름다움에 온통 마음을 빼앗겼지요.
그리고 자신을 둘러싼 세계를 충분히 알지 못한다는 느낌,
충분히 빨리 그리지 못한다는 느낌에 사로잡혔어요.

이따금 산책길이나 노란 집의 아름다운 정원에서 꽃을 꺾어 와
세심하게 관찰하며 그리기도 했어요.

그러던 어느 날, 빈센트는 폴과 말다툼을 벌였어요.
그러다 이성을 잃고 자기 귀에 심한 상처를 내고 말았지요.

폴에게 화가 났다고 자신을 해치는 건 좋은 행동이 아니었지요.
빈센트는 마음의 병을 치료하려고 병원에 입원했어요.

빈센트는 병실 창문 너머로 보이는 풍경을 그리며 마음을 달랬어요.
일기장에 이렇게 쓰기도 했어요.
'별이 나를 꿈꾸게 해. 밤하늘은 낮에 보는 하늘보다 더 살아 있는 것 같아.'

빈센트는 병원에 머무르는 내내 몹시 외로웠어요.
오랫동안 동생 테오의 소식조차 듣지 못했거든요.

자신을 이해하는 사람은 오직 펠릭스 레이라는
젊고 친절한 의사뿐인 것 같았어요.

어느 봄날, 빈센트는 병원을 나와 사랑하는 동생 테오에게 편지를 썼어요.
그러자 기분이 조금 나아졌지요. 빈센트는 여전히 몸도 마음도 좋지 않았지만,
곡식이 익어 가는 들판을 그리며 오랫동안 찾아 헤매던 기쁨을 만났어요.

그 무렵에 아름다운 밀밭을 그렸지요.

세상을 떠나던 순간, 빈센트는 밀밭이 바스락거리는 소리를 들었어요.
빈센트에게 많은 기쁨과 영감을 선물해 주었던 바로 그 소리였지요.

빈센트는 끝끝내 자신이 무엇을 잘하는지 찾아냈어요. 그보다 더 중요한 건
무엇이 자신을 꿈꾸게 하는지 찾아냈다는 거예요. 빈센트는 그렇게 수천 점의
훌륭한 그림을 우리에게 남겨 주었어요. 그중 몇몇 작품은 전 세계에서
가장 유명하고 가장 사랑받는 그림이랍니다.

어떤 작품을 남겼을까요?

감자 먹는 사람들, 1885

빈센트가 밝은색 물감을 쓰기 전에 그린 작품이에요. 농부 가족이 감자로 저녁 식사를 하는 모습을 그렸어요. 색감이 진흙처럼 어둡지요? 꼭 감자 껍질 색깔 같아요.

탕기 영감의 초상, 1887~88

미술 재료상이자 미술상이었던 쥘리앵 탕기를 그린 초상화예요. 쥘리앵 탕기는 돈 없는 화가들에게 음식과 생활비를 나누어 주며 아버지 노릇을 했어요. 빈센트도 탕기를 '아버지'라고 불렀지요.

자화상, 1886   자화상, 1887

빈센트가 그린 두 자화상에서 뭔가 다른 점이 느껴지나요? 왼쪽 그림은 빈센트가 '색채 훈련' 이라는 방법을 쓰기 전에 그린 것이고, 오른쪽 그림은 그 뒤에 그린 거예요.

아를의 침실, 1889

빈센트는 아를의 노란 집에 있던 자신의 침실을 같은 구도로 세 번 그렸어요. 동생 테오에게 편지를 보내 벽을 어떤 색깔로 칠하면 좋을지 조언도 구했지요.

해바라기, 1888

빈센트는 살아 있는 동안 해바라기를 아주 많이 그렸어요. 이 작품은 한때 세계에서 가장 비싼 그림이었답니다.

파이프를 물고 귀에 붕대를 한 자화상, 1889

이 유명한 자화상 속에서 빈센트는 귀를 붕대로 감고 있어요. 폴 고갱과 싸우고 자기 귀에 상처를 낸 모습을 그린 것이지요. 뜨겁고 강렬한 색감을 통해 우리는 빈센트가 느꼈을 날카로운 고통을 짐작할 수 있어요.

별이 빛나는 밤, 1889

병원에 입원해 있던 가장 암울한 시기에 빈센트는 병실 창문으로 본 밤하늘을 그렸어요. 빈센트의 눈에 비친 밤하늘은 반짝이며 소용돌이치는 모습이었나 봐요. 빈센트는 동생 테오에게 '희망은 별에 있어.'라고 편지를 쓰기도 했답니다. 이 작품은 나중에 세계에서 가장 유명한 그림이 되었어요.

정오의 휴식, 1890

빈센트가 가장 존경했던 화가 밀레의 그림을 따라 그린 작품이에요. 대신 자신만의 특별한 색채를 더했어요. 붓을 휙휙 빠르게 움직이며 색을 칠해 그림 가득 에너지가 넘쳐흐르지요. 고요히 낮잠을 자는 사람의 주변을 이렇게 칠하다니 놀랍지요?

까마귀 나는 밀밭, 1890

빈센트가 죽음을 앞두고 그린 그림이에요. 노란색 물감으로 가늘고 뾰족하게 칠한 부분이 마치 곡식을 거두고 난 뒤에 남은 그루터기 같아요.

그림 출처

3쪽: <학생>, 1889-90, 캔버스에 유채, 빈센트 반 고흐(1853-90) / 브라질 상파울루 미술관 / Bridgeman Images

4쪽: <오베르-쉬르-우아즈의 교회>, 1890, 캔버스에 유채, 빈센트 반 고흐(1853-90) / 프랑스 파리 오르세 미술관 / Bridgeman Images

6쪽, 28쪽: <자화상>, 1886, 캔버스에 유채, 빈센트 반 고흐(1853-90) / 네덜란드 헤이그 시립 현대 미술관 / Bridgeman Images

7쪽, 28쪽: <감자 먹는 사람들>, 1885, 캔버스에 유채, 빈센트 반 고흐(1853-90) / 네덜란드 암스테르담 반 고흐 미술관 / Bridgeman Images

8쪽, 28쪽: <자화상>, 1887, 캔버스에 유채, 빈센트 반 고흐(1853-90) / 프랑스 파리 오르세 미술관 / Bridgeman Images

10쪽, 28쪽: <탕기 영감의 초상>, 1887-88, 캔버스에 유채, 빈센트 반 고흐(1853-90) / 프랑스 파리 로댕 미술관, Peter Willi / Bridgeman Images

12쪽, 29쪽: <아를의 침실>, 1889, 캔버스에 유채, 빈센트 반 고흐(1853-90) / 프랑스 파리 오르세 미술관 / Bridgeman Images

15쪽: <삼나무가 있는 밀밭>, 1889, 캔버스에 유채, 빈센트 반 고흐(1853-90) / 영국 런던 내셔널 갤러리 / Bridgeman Images

17쪽, 29쪽: <해바라기>, 1888, 캔버스에 유채, 빈센트 반 고흐(1853-90) / 영국 런던 내셔널 갤러리 / Bridgeman Images

19쪽, 29쪽: <파이프를 물고 귀에 붕대를 한 자화상>, 1889, 캔버스에 유채, 빈센트 반 고흐(1853-90) / 개인 소장품 / Bridgeman Images

21쪽, 30쪽: <별이 빛나는 밤>, 1889, 캔버스에 유채, 빈센트 반 고흐(1853-90) / 미국 뉴욕 현대 미술관 / Bridgeman Images

23쪽: <의사 펠릭스 레이의 초상>, 1889, 캔버스에 유채, 빈센트 반 고흐(1853-90) / 러시아 모스크바 푸시킨 미술관 / Bridgeman Images

25쪽, 30쪽: <정오의 휴식>, 1890, 캔버스에 유채, 빈센트 반 고흐(1853-90) / 프랑스 파리 오르세 미술관 / Bridgeman Images

27쪽, 30쪽: <까마귀 나는 밀밭>, 1890, 캔버스에 유채, 빈센트 반 고흐(1853-90) / 네덜란드 암스테르담 반 고흐 미술관 / Bridgeman Images

루시 브라운리지 글

영국 런던에서 활동하는 어린이책 작가이자 편집자예요. 미술사, 역사, 동물, 과학에 대한 어린이책을 쓰고 있지요. 브리스틀 대학교에서 미술사를 공부했고, 코톨드 미술 연구소에서 미술사로 석사 학위를 받았어요. 글을 쓴 책으로는 《프리다 칼로》, 《클로드 모네》, 《조지아 오키프》 들이 있어요.

에디트 카롱 그림

독일 베를린에서 활동하는 프랑스 출신 일러스트레이터이자 애니메이터예요. 여성 또는 젠더 같은 사회적인 주제를 즐겨 다루며, 자연스럽고 색채가 풍부한 그림을 그리지요. 〈뉴욕 타임스〉와 〈뉴요커〉에서 주목할 만한 작가로 선정되었으며, 구치나 에비앙과 협업을 하기도 했어요.

최혜진 옮김

서울에서 활동하는 작가이자 잡지 편집자예요. 열아홉 살에 우연히 빈센트 반 고흐 생애를 다룬 어린이책을 읽고 미술을 좋아하게 됐어요. 그림과 그림책을 보면 하고 싶은 말이 많아져요. 《우리 각자의 미술관》, 《북유럽 그림이 건네는 말》, 《유럽의 그림책 작가들에게 묻다》 들을 쓰고, 《프리다 칼로》, 《클로드 모네》, 《조지아 오키프》 들을 우리말로 옮겼어요.

모두의 예술가 1

빈센트 반 고흐

초판 1쇄 발행 2020년 6월 12일 | 초판 5쇄 발행 2025년 6월 2일 | ISBN 979-11-5836-185-3, 979-11-5836-184-6(세트)

펴낸이 임선희 | 펴낸곳 ㈜책읽는곰 | 출판등록 제2017-000301호 | 주소 서울시 마포구 성지길 48
전화 02-332-2672~3 | 팩스 02-338-2672 | 홈페이지 www.bearbooks.co.kr | 전자우편 bear@bearbooks.co.kr
SNS Instagram@bearbooks_publishers | 편집 우지영, 우진영, 최아라, 박혜진, 김다예, 윤주영, 도아라, 홍은채
디자인 강효진, 김은지, 강연지, 윤금비 | 마케팅 정승호, 배현석, 김선아, 이서윤, 백경희, 김현정 | 경영관리 고성림, 이민종
저작권 민유리 | 협력업체 이피에스, 두성피앤엘, 월드페이퍼, 원방드라이보드, 해인문화사, 으뜸래핑, 문화유통북스

Portrait of an Artist: Van Gogh © 2019 Quarto Publishing plc.
Text © 2019 Quarto Publishing plc.
Illustrations © 2019 Édith Carron
Written by Lucy Brownridge
First published in 2019 by Wide Eyed Editions, an imprint of The Quarto Group.
All rights reserved
Korean translation © 2020 Bear Books Inc.
Korean translation rights arranged with The Quarto Group through Orange Agency

이 책의 한국어판 출판권은 오렌지에이전시를 통해 Quarto Publishing plc.와 독점 계약한 ㈜책읽는곰에 있습니다. 이 책은 저작권법에 따라 보호받는 저작물이므로 무단 전재와 무단 복제를 금합니다.

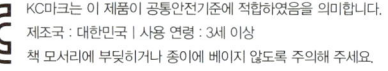

KC마크는 이 제품이 공통안전기준에 적합하였음을 의미합니다.
제조국 : 대한민국 | 사용 연령 : 3세 이상
책 모서리에 부딪히거나 종이에 베이지 않도록 주의해 주세요.